노경실 선생님이 들려주는
약물과 사이버 중독 안전

ⓒ 2020 노경실

1판 1쇄 펴낸날 | 2020년 10월 15일
2판 1쇄 펴낸날 | 2024년 5월 27일

지은이 | 노경실
그린이 | 최호정
펴낸이 | 양승윤

펴낸곳 | (주)와이엘씨
출판등록 | 1987년 12월 8일 제1987-000005호
주소 | 서울특별시 강남구 강남대로 354 혜천빌딩 (우)06242
전화 | 02-555-3200
팩스 | 02-552-0436
홈페이지 | www.aladinbook.co.kr

Safety from medicine and cyber addiction
by Noh Kyeong-sil

Copyright ⓒ 2020 by Noh Kyeong-sil
Printed in KOREA

값 13,000원
ISBN 978-89-8401-726-9 74810
ISBN 978-89-8401-724-5 74810(세트)

알라딘 북스는 (주)와이엘씨의 아동 전문 출판 브랜드입니다.

KC 공통안전기준 표시사항	① 품명 : 노경실 선생님이 들려주는 약물과 사이버 중독 안전 ② 제조자명 : 알라딘북스 ③ 주소 : 서울시 강남구 강남대로 354 ④ 연락처 : 02-555-3200 ⑤ 제조년월 : 2024년 5월 ⑥ 제조국 : 대한민국 ⑦ 사용연령 : 7세 이상 ⑧ 취급상 주의사항 　• 종이에 베이지 않도록 하세요. 　• 책의 모서리가 날카로우니 던지거나 떨어뜨려 다치지 않도록 주의하세요. ⑨ KC마크는 이 제품이 공통안전기준에 적합하였음을 의미합니다.

노경실 선생님이 들려주는
약물과 사이버 중독 안전

글 노경실 | 그림 최호정

알라딘 북스

 머리말

안전한 생활이
안전한 미래를 만들어요!

　나의 어린 시절을 생각하면 지금은 말 그대로 꿈같은 세상입니다. 24시간 아무 때나 서로 얼굴을 보며 전화를 할 수 있지요. 궁금한 것이 있으면 손에 들고 있는 스마트폰을 통해 바로바로 찾아볼 수도 있습니다. 먹고 싶은 것은 언제 어디서고 배달 서비스를 받을 수 있어요. 편리해진 우리의 생활을 다 이야기하자면 일주일도 넘게 걸릴지 모르겠어요. 그중에서도 가장 큰 변화는 아마도 인공지능일 거예요. 영화에서만 보던 로봇이 우리를 위해 일하는 세상이 되었으니까요.

　그런데 참 이상하지요? 날마다 새로운 기술, 첨단 제품들이 나오는데 왜 세상은 더 위험해지고 있는 것일까요? 아마 가장 큰 이유는 너무나 복잡해지고, 정신없이 빠르게 움직이는 사회 구조 때문일 거예요. 그러기에 지금 우리에게 안전한 환경을 만드는 것은 정말 중요합니다. 특히 어린이에게는 가정에서도, 학교에서도 안전 교육이 꼭 필요합니다. 안전은 '말'이나 '생각'만으로 되는 것이 아닙니다. '올바른 앎' 즉, 지식이 있어야 합니다. '아는 만큼 보고 아는 만큼 이해한다'는 속담을 기억하나요? 안전 문제도 마찬가지입니다. 아는 만큼 내 안전을 잘 지킬 수 있습니다. 책과 교육을 통해 정확하고 올바른 안전 지식을 가져야 합니다.

나는 '어린이 안전 동화 시리즈'를 통해 어린이들에게 나를 안전하게 지키는 것은 나의 생명과 건강을 보호하는 것이며, 나의 멋진 미래를 가꾸는 첫걸음이라는 것을 알려 주고 싶습니다.

그리고 이것이 바로 나를 사랑하는 사람들에게 가장 큰 기쁨과 선물이라는 것을 잊지 않기를 바랍니다. 언제나 어린이들과 강아지들과 함께하는 나는, 이 책이 어린이들의 행복하고 안전한 생활의 든든한 친구이자 선생님이 되길 소망합니다.

햇살 눈부신 아침,
일산 흰돌마을에서

노경실

 차례

머리말 **4**

약물 위험 안전
쿡쿡 싸르르 배가 아파요! **9**

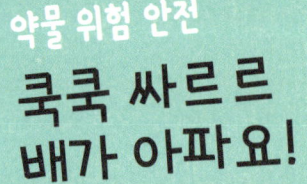

술과 담배 위험 안전
이제 그만해 주세요! **22**

스마트폰 중독 안전
스마트폰이 너무 좋아! 34

컴퓨터 게임 중독 안전
위험한 게임 속 세상 48

인터넷 사용 안전
공짜 선물이니까 괜찮아! 60

약물 위험 안전

쿡쿡 싸르르 배가 아파요!

"누나, 뭐해?"

은태가 엄마 방에서 후다닥 나오는 은미를 보며 물었습니다.

"몰라도 돼!"

은미는 앙칼지게 내뱉고는 자기 방으로 홱 들어갔습니다.

"왜 저래? 요즘 이상하단 말야."

은태는 고개를 갸웃했습니다. 은태 말처럼 은미는 5학년이 되고부터 예민해지고, 혼자 있는 것을 좋아했습니다.

그날 저녁, 집에 돌아온 엄마가 말했습니다.

"참 이상하네. 저번에도 그러더니 이번에도 비타민이 금방 없

어졌어. 혹시 당신이 덜어서 회사에 가지고 갔어요?"
"비타민을 왜 회사에 가지고 가?"
아빠가 황당한 웃음을 지었습니다.
"은태야, 네가 먹었니?"
"엄마, 나는 그거 약 같아서 싫어요!"
은태가 얼굴을 찡그리며 말했습니다.
그러자 자연스레 모두의 눈길이 은미를 향했습니다.

"은미야, 혹시 너니?"

엄마가 은미에게 물었습니다.

은미가 아무 말이 없자, 엄마가 미소 띤 얼굴로 말했습니다.

"비타민이 피부에 좋으니까 먹어도 되는데 그건 어른들이 먹는……."

"나 아니에요! 난 그런 거 안 먹어도 피부 좋거든요!"

은미는 발끈하며 화를 내더니 방으로 들어가 버렸습니다.

이튿날, 학교에 가려던 은미가 헛구역질을 하며 배가 아프다고 했습니다.

엄마는 급히 은미를 데리고 병원으로 갔습니다. 은미는 차 안에서 훌쩍훌쩍 울었습니다.

"엄마, 나 큰 병 걸린 거 아니죠?"

"괜찮을 거야. 조금만 참아."

엄마는 걱정을 감추며 은미를 안심시켰습니다.

병원에 도착한 은미는 간단한 검사를 하고, 의사 선생님 진찰을 받았습니다.

"별 이상은 없는데…… 혹시 비타민이나 영양제 같은 거 먹나요?"

의사 선생님이 고개를 갸웃하며 물었습니다.

그러자 은미가 겁에 질린 얼굴로 대답했습니다.

"네, 비, 비타민이요……."

"엄마 방에 있는 그 비타민 말하는 거야?"

은미의 말에 엄마는 깜짝 놀랐습니다.

"비타민을 하루에 몇 개 먹었니?"

의사 선생님이 빙그레 웃으며 물었습니다.

"많이 먹으면 예뻐진다고 해서……."

은미의 목소리가 가늘게 떨렸습니다. 눈에선 금방이라도 눈물이 떨어질 것 같았습니다.

"그랬구나. 아무리 좋은 비타민이나 영양제라고 해도 정해진 양만큼 먹어야 해. 특히, 어린이는 어른들이 먹는 비타민을 먹으면 부작용이 생길 수 있어. 앞으로 먹지 않으면 괜찮아질 테니까 너무 걱정 마라."

의사 선생님은 다정하고 부드러운 목소리로 은미를 안심시

켜 주었습니다.
　선생님의 말에 엄마도, 은미도 그제야 한숨을 돌렸습니다.
　그날, 은태는 누나가 엄마 방에서 후다닥 나온 이유를 알게 되었습니다.

　며칠 뒤, 은태는 같은 반 친구 동수네 집에 놀러갔습니다. 마침 동수네 부모님이 잠깐 외출하자, 두 아이는 냉장고를 열고

이것저것 꺼내 먹었습니다. 그런데 동수가 의자를 가져와 올라서더니 낑낑대며 서랍장에 있는 약통 하나를 꺼냈습니다.

"그게 뭐야?"

"튼튼해지고 키도 크는 약이야. 난 매일매일 먹어."

"뭐? 키도 커져? 그런 약이 있어?"

약은 무조건 싫어하는 은태입니다. 하지만 다른 친구들보다 키가 작은 은태는 그 약이 마법의 알약처럼 느껴졌습니다.

"동수야, 나도 하나 줘. 키 크고 튼튼해지고 싶어."

"그래, 우리는 친구니까 나눠 먹어야지."

동수는 은태에게 약 한 알을 주었습니다.

두 아이는 사이좋게 약을 먹었습니다.

그날 밤, 동수 엄마가 은태 엄마에게 전화를 했습니다.

"우리 동수가 자기 약을 은태랑 같이 먹었대요. 그런데 그게 영양제가 아니라, 동수가 아토피가 있어서 그거 치료하는 약이거든요. 동수가 그냥 약이라고 하면 안 먹을까 봐 튼튼해지고 키 커지는 약이라고 했는데……."

엄마는 동수 엄마의 말에 깜짝 놀랐습니다.

"죄송해요. 혹시라도 은태가 아프다고 하면 알려 주세요. 정말 죄송합니다."

전화 통화를 마친 엄마는 은태와 은미를 거실로 불렀습니다. 그리고 조금 전 일을 자세히 이야기해 주었습니다.

놀란 은태는 갑자기 배가 아픈 것 같다며 손바닥으로 배를 문질렀습니다.

"엄마, 나 괜찮겠지요?"

"너희들 잘 알아야 해. 약은 절대 함부로 먹는 게 아니야. 특히, 남의 약은 나눠 먹으면 안 돼. 알았니?"

엄마의 말에 은미와 은태가 고개를 끄덕였습니다.

그날 밤, 은태는 무서운 생각이 들어 잠도 오지 않았습니다. 문득 며칠 전, 아빠와 함께 자전거를 탈 때 했던 말이 떠올랐습니다.

"아빠는 키가 큰데 왜 나는 작아요? 나도 아빠처럼 힘이 세지고 싶어요. 금방 키 크고 힘 세지는 약이 있으면 좋겠어요."

"은태야, 세상에 그런 약은 없어. 아빠처럼 밥 잘 먹고, 운동하고, 저녁에 일찍 자면 키도 크고 힘도 세질 거야."

그때는 아빠 말을 믿지 않았지만 이제는 이해가 되었습니다.
"나도 내일부터 아빠 말대로 해야지……."
어느 새, 은태의 눈이 스르르 감겼습니다. 은태의 얼굴이 편안해 보였습니다.

안전이 최고야!

🌱 문제를 잘 보고 알맞은 곳에 스티커를 붙여 보세요.

1 몸에 좋은 영양제는 많이 먹어도 될까요?

㉮ 정해진 양만 먹어요.

㉯ 많이 먹을수록 좋아요.

2 친구와 약을 나누어 먹어도 될까요?

㉮ 약은 꼭 자기 것만 먹어야 해요.

㉯ 똑같이 감기에 걸렸으면 괜찮아요.

3 약도 우유처럼 유통 기한이 있을까요?

㉮ 약은 날짜랑 상관없어요.

㉯ 약도 꼭 날짜를 확인해야 해요.

4 많이 아플 때는 양을 늘려서 약을 먹어도 될까요?

㉮ 약은 의사 선생님이 정해 준 양만 먹어요.

㉯ 약은 많이 먹을수록 병이 금방 나아요.

5 동생이 약상자를 꺼내면 어떻게 해야 할까요?

㉮ 위험하니까 못 만지게 해요.

㉯ 같이 병원 놀이를 하며 재밌게 놀아요.

노경실 선생님의 '약물 위험 안전' 이야기

몸이 아플 때와 부족한 영양분을 보충하기 위해 약은 필요해요. 예전과 달리 이제는 누구나 간단한 약은 쉽게 구입할 수 있지요. 약국뿐 아니라 마트나 편의점에서도 소화제나 두통약처럼 구급약들을 살 수 있거든요. 약이 우리 가까이 있는 만큼 조심히 사용하고, 어린이는 언제나 부모님의 도움을 받아서 약을 먹어야 해요. 예뻐지고 키 커진다는 말만 믿고 함부로 약을 먹으면 오히려 건강이 크게 나빠질 수 있음을 잊지 마세요.

정답 ❶ 가 나 / ❷ 나 가 / ❸ 나 가 / ❹ 나 가 / ❺ 가 나

술과 담배 위험 안전

이제 그만해 주세요!

이곳은 흡연실이 아닙니다. 담배는 흡연 장소에서 피워 주세요!

인범이네 아파트 담 뒤에 커다란 현수막이 붙었습니다. 어른들과 아파트 근처에 있는 고등학교 학생들이 담 뒤에 와서 담배를 피우기 때문입니다.

"엄마! 우리 아빠는 담배 끊었지요?"

학교에서 돌아온 인범이가 물었습니다.

"그럼! 아빠는 한번 약속하면 지키잖아."

"맞아요! 그런데 왜 고등학생 형들은 담배를 필까요? 우리 인석이 형은 안 피우겠지요?"

"형은 당연히 안 피우지. 학생이 담배 피면 절대 안 돼."

엄마의 말에 인범이가 고개를 끄덕였습니다.

인범이는 형 바라기입니다. 고등학교 2학년인 인석이와 9살 차이가 나지만 누구보다 사이가 좋은 형제입니다.

며칠 뒤, 인범이는 친구들과 미니 야구 게임을 하고 집으로 가고 있었습니다. 그때, 친구가 인범이를 툭 치며 말했습니다.

"인범아, 저기 너희 형 아니야?"

"어디?"

인범이는 반가운 마음에 친구가 가리키는 쪽을 바라보았습니다.

하지만 인범이의 얼굴은 그대로 굳어 버렸습니다.

"어? 너희 형 친구들이랑 담배 핀다!"

친구가 깜짝 놀라며 인범이의 옷소매를 잡아당겼지만 인범이는 좀처럼 몸이 움직이지 않았습니다. 금방이라도 울음이 터질 것 같았습니다.

하지만 울음을 참고 형에게 달려갔습니다.

"형아! 담배 피지 마!"

인범이는 소리치며 엉엉 울었습니다.

놀란 인석이는 얼른 담배를 끄고, 인범이를 꼭 안아 주었습니다.

"미안해, 미안해. 형이 잘못했어."

인석이는 인범이의 우는 모습에 자신의 행동이 잘못됐음을 깨달았습니다. 그리고 진심으로 인범이에게 약속했습니다.

"인범아, 형이 다시는 담배 안 필게."

"진짜지? 나랑 약속할 수 있어?"

인범이가 눈물을 닦으며 말했습니다.

"그래, 약속할게."

인석이는 인범이와 손가락을 걸고 약속했습니다.

며칠 뒤, 엄마는 저녁식사를 준비하고, 인범이는 형이랑 게임을 하고 있을 때였습니다. 엄마의 핸드폰이 울렸습니다.

"네? 교통사고요? 어디에요? 얼마나 다쳤나요?"

다급한 엄마의 목소리에 인범이와 인석이도 게임을 멈추었습니다.

전화를 끊은 엄마 손이 바들바들 떨렸습니다.

"엄마! 무슨 일이에요?"

인석이가 엄마 손을 잡으며 물었습니다.

"아빠가, 아빠가 교통사고가 났대."

엄마의 목소리가 떨렸습니다.

"아빠는 괜찮대요?"

깜짝 놀란 인석이와 인범이가 동시에 외쳤습니다.

"응, 일단 가 봐야 할 것 같아. 인석아, 인범이 잘 데리고 있어. 엄마가 가서 상황 보고 연락할게. 알았지?"

엄마는 서둘러 병원으로 향했습니다.

엄마가 나가고 인범이는 발버둥을 치며 울었습니다.

"형! 나도 아빠한테 갈래! 데려다줘! 아빠! 아빠!"

인석이가 달래도 인범이는 울음을 멈추지 않았습니다.

잠시 뒤, 엄마에게서 전화가 왔습니다.

음주 운전자의 차와 아빠의 차가 부딪힌 사고였는데, 천만다행으로 아빠는 큰 상처를 입지 않았다고 했습니다. 하지만 아빠도 병원에서 검사를 받아야 하고, 차가 많이 망가져서 처리해야 할 일들이 있어 조금 늦는다고 했습니다.

엄마의 전화에 그제야 인범이는 울음을 멈추었습니다.

"형! 우리 아빠한테 가 보자."

"그래, 가자."

인석이는 인범이를 데리고 병원으로 갔습니다.

"아빠!"

인범이는 누워 있는 아빠를 향해 뛰어갔습니다. 아빠 옆에는 엄마와 경찰 아저씨가 있었습니다.

인범이는 경찰 아저씨에게 말했습니다.

"경찰 아저씨! 어른들이 술 마시고 운전 못하게 해 주세요. 나는 우리 아빠랑 오래오래 행복하게 살 거란 말이에요!"

인범이는 또다시 울음을 터뜨렸습니다.

경찰 아저씨는 인범이의 어깨를 톡톡 두드려 주었습니다.
"그래, 아저씨가 어른들이 술 마시고 운전 못하게 열심히 노력할게."
인범이는 울음을 그치고 경찰 아저씨에게 경례를 했습니다.
"고맙습니다!"

안전이 최고야!

🌱 문제를 잘 보고 알맞은 곳에 스티커를 붙여 보세요.

1 담배는 피우지 않고 연기만 맡는 건 괜찮을까요?

㉮ 연기는 맡아도 상관없어요.   ㉯ 담배는 연기도 위험해요.

2 담배를 호기심에 한 번 피워 봐도 될까요?

㉮ 담배는 중독성이 있어서 절대 피면 안 돼요.   ㉯ 딱 한 번쯤은 괜찮아요.

3 어린이가 술을 마셔도 될까요?

㉮ 어른이 주면 마셔도 돼요.   ㉯ 어린이는 술을 마시면 위험해요.

4 술을 많이 마시면 어떻게 될까요?

㉮ 술은 우리 몸과 생각을 마비시켜요.

㉯ 어른들은 많이 마셔도 아무렇지 않아요.

5 술을 조금 먹으면 운전해도 될까요?

㉮ 한 모금이라도 절대 안 돼요.

㉯ 딱 한 잔은 괜찮아요.

노경실 선생님의 '술과 담배 위험 안전' 이야기

사람마다 서로 의견이 다르기도 해요. 술과 담배는 무조건 나쁘다고 하거나 좋은 점도 있다고 하지요. 하지만 좋은 점보다 나쁜 점이 더 많은 게 술과 담배랍니다. 사랑하는 가족과 친구들이 술과 담배 때문에 큰 병에 걸릴 수 있고, 위험한 상황에 처할 수 있기 때문이지요. 특히, 어린이와 청소년들에게 술과 담배는 몸과 마음을 다 망가뜨리는 위험한 물질이에요. 가족 모두 건강하고 행복하기 살기 위해서는 가장 중요한 게 무엇일지 생각해 보는 것이 필요합니다.

정답 ❶ 나 ㉮ / ❷ 나 ㉯ / ❸ 나 ㉮ / ❹ 나 ㉮ / ❺ 나 ㉮

스마트폰 중독 안전

스마트폰이 너무 좋아!

"언니, 오 분만 볼게."

"안 돼!"

"엄마가 같이 보라고 했잖아!"

"안 돼! 나도 일주일 만에 겨우 찾은 스마트폰이야!"

지은이는 언니에게 스마트폰을 빌려 달라고 졸랐습니다. 하지만 언니는 벌컥 화부터 냈습니다. 며칠 전, 언니는 스마트폰을 보며 횡단보도를 건너다가 교통사고를 당할 뻔했습니다. 엄마에게 스마트폰을 빼앗겼던 언니는 일주일 만에 다시 스마트폰을 돌려받았습니다. 언니는 엄마에게 다시는 걸어 다니면서

스마트폰을 보지 않겠다고 약속
했습니다.
"엄마! 나도 스마트폰 갖고 싶어요."
지은이는 부엌에 있는 엄마에게 쪼르르 달려갔습니다.
"언니한테 가서 조금만 보여 달라고 해."
"언니가 안 빌려준단 말예요!"

다 미워

　부엌일을 하느라 정신이 없는 엄마는 지은이의 말에 신경을 쓰지 못했습니다.

　"엄마, 언니 다 미워!"

　방으로 온 지은이는 침대에 엎드려 울었습니다. 아무도 자기 마음을 몰라주는 것 같아 속상했습니다.

　엄마는 6학년인 언니만 스마트폰을 사 주었습니다. 지은이는 4학년이 될 때까지 기다리라고 했습니다. 지은이도 언니처럼 스마트폰으로 게임도 하고, 요즘 인기 있는 만화도 보고 싶었습니다.

이튿날, 엄마와 아빠는 친척 이모 결혼식에 가고, 언니는 댄스 동아리 춤을 연습해야 한다며 방으로 들어갔습니다. 연습하는 동안만 스마트폰을 빌려달라고 했지만 언니는 이번에도 눈 한 번 깜빡하지 않았습니다.

거실에 혼자 남은 지은이는 화가 나서 엉엉 울었습니다. 언니가 들으라는 듯 더 크게 울었지만 소용없었습니다.

"4학년 될 때까지 어떻게 기다려! 우리 반 민주랑 태경이도 스마트폰 있는데……."

한참 울던 지은이는 세수를 하려고 화장실에 갔습니다. 얼굴을 씻으려는데, 지은이의 두 눈이 커졌습니다.

"앗! 스마트폰이다!"

엄마가 스마트폰을 두고 간 것입니다.

지은이는 아무도 없는 주변을 괜히 두리번거렸습니다. 그리고 조심스레 스마트폰을 들고 후다닥 방으로 들어갔습니다.

가슴이 콩닥콩닥 뛰었습니다. 마치 비밀 작전이라도 하듯 불을 끄고 커튼도 내렸습니다. 그리고 침대에 엎드려 이불을 머리끝까지 뒤집어쓴 뒤, 조심스레 스마트폰을 열었습니다.

환한 빛이 이불 속을 가득 채웠습니다.

"와, 대박이야! 대박!"

엄마는 스마트폰에 비밀번호를 저장하지 않는다는 걸 지은이는 알고 있었습니다. 지은이는 어둠 속에서 그동안 보고 싶었던 것들을 차례로 보기 시작했습니다. 그리고 하고 싶었던 게임도 실컷 했습니다. 오랜 시간에도 전혀 지루하지 않았습니다. 마치 점점 스마트폰 세상에 빠져드는 느낌이었습니다. 지은이는 시간이 가는 줄 모르고 스마트폰에 푹 빠져 버렸습니다.

얼마나 시간이 흘렀을까요?

"아, 눈 아파……."

지은이는 손등으로 두 눈을 비볐습니다.

그때, 엄마와 아빠가 들어오는 소리가 들렸습니다.

깜짝 놀란 지은이가 벌떡 일어나는 순간, 엄마가 방문을 열었습니다.

"지은아, 뭐해?"

"엄마! 앞이 안 보여!"

지은이가 휘청거리더니 들고 있던 스마트폰을 놓치며 쓰러

졌습니다.

 깜짝 놀란 엄마와 아빠가 급히 지은이를 데리고 병원으로 갔습니다.

 "오랜 시간 어두운 데서 스마트폰을 보면 눈에 이상이 생길 수 있습니다. 치료했으니 며칠 있으면 괜찮아질 겁니다. 하지만 앞으로는 절대 조심해야 합니다. 특히, 어린이들이 스마트폰을 오래 보는 건 위험해요."

 의사 선생님의 말에 엄마와 아빠 그리고 지은이는 그제야 놀란 가슴을 쓸어내렸습니다.

 집으로 돌아오는 길에 아빠는 지은이의 어깨를 토닥토닥 두드려 주었습니다.

 "지은아, 스마트 폰이 그렇게 하고 싶었어?"

 지은이가 고개를 끄덕였습니다.

 "엄마랑 아빠는 지은이가 스마트폰 말고도 재미있는 것들이

많다는 걸 알았으면 좋겠어. 그래서 스마
트폰을 늦게 사 주고 싶은 거야."
"그치만 아빠, 난 스마트폰이 너무 좋아."
"이렇게 눈이 아픈데도?"
"응!"
아빠가 허허 웃으며 지은이를 바라보았습니다.
"눈 괜찮아지면 앞으로 엄마, 아빠가 시간을 정해서 스마트

폰을 보여 줄게. 하지만 지은이도 약속을 지켜야 해. 스마트폰은 정해진 시간만 하는 거야. 약속 지킬 수 있지?"
"당연하지! 아빠, 나 벌써 눈 다 나은 것 같아!"
지은이의 말에 엄마와 아빠가 큰 소리로 웃었습니다.

안전이 최고야!

🌱 문제를 잘 보고 알맞은 곳에 스티커를 붙여 보세요.

1 혼자 있을 때, 스마트폰이 있으면 어떻게 해야 할까요?

㉮ 그대로 두고, 내 할 일을 해요.   ㉯ 부모님 몰래 실컷 봐요.

2 스마트폰으로 게임을 할 때는 어떻게 해야 할까요?

㉮ 시간을 정해 두고 오래 하지 않아요.   ㉯ 하고 싶은 만큼 마음껏 해요.

3 스마트폰을 잠자기 전에 해도 될까요?

㉮ 스마트폰 불빛은 잠을 잘 오게 해요.   ㉯ 잠자기 전 스마트폰은 해로워요.

4 길을 걸으면서 스마트폰을 봐도 될까요?

㉮ 재미있으니까 계속 봐요.

㉯ 다칠 수 있으니 절대 안 돼요.

5 스마트폰을 오래 봐도 괜찮을까요?

㉮ 많이 보면 건강해져요.

㉯ 중독이 되면 위험해요.

노경실 선생님의 '스마트폰 중독 안전' 이야기

스마트폰은 잘 사용하면 편리하고 좋은 점이 많아요. 하지만 올바른 사용법을 배우지 않고 규칙도 없이 마구 사용한다면 무서운 흉기로 변할 수 있어요. 특히, 어린이들은 혼자서 마음대로 사용하기 보다는 어른의 도움을 받아 사용하는 것이 좋아요. 스마트폰은 바른 자세로 사용해야 눈이 상하거나 목이 아프지 않아요. 그리고 안전하게 자리에 서서, 또는 앉아서 사용해야 다른 사람들이나 물건과 부딪히지 않지요. 특히, 길에서 스마트폰을 보며 걸어가는 것은 큰 사고로 이어질 수 있어요. 올바른 스마트폰 사용을 잊지 마세요.

컴퓨터 게임 중독 안전

위험한 게임 속 세상

　영석이는 집에 가기 싫어서 운동장에서 혼자 공놀이를 했습니다.

　"영석아, 아직도 집에 안 갔니?"

　퇴근하던 담임 선생님이 깜짝 놀란 얼굴로 물었습니다.

　"네…… 공놀이하고 싶어서요."

　영석이는 자기도 모르게 거짓말을 했습니다.

　"그랬구나. 늦게까지 혼자 있는 건 위험할 수 있어. 집에 가자. 선생님이 바래다줄게."

　선생님 집은 영석이네 아파트 옆 단지입니다. 영석이와 선생님은 나란히 걸으며 이야기를 나누었습니다.

"요즘도 엄마, 아빠 모두 회사 다니시지?"

"네……."

영석이가 짧게 대답했습니다.

"영석아, 혹시 무슨 고민 있니?"

선생님이 걱정스런 얼굴로 영석이를 바라보았습니다.

"아니요……."

사실 영석이는 요즘 고민이 있습니다. 하지만 선생님에게 말할 용기가 나지 않았습니다.

영석이 형은 중학생입니다. 그런데 며칠 전부터 학교가 끝나면 학원도 가지 않고 집에 와서 컴퓨터 게임만 했습니다. 회사에 다니는 엄마, 아빠는 아직 모르고 있습니다. 형은 오히려 영석이에게 자랑을 늘어놓으며 이렇게 말했습니다.

"조금만 더 하면 나는 게임왕이야! 너 엄마, 아빠한테 절대 말하면 안 돼!"

"……."

영석이는 형이 걱정됐지만 아무 말도 하지 못했습니다.

집에 돌아온 영석이는 형 방에 들어갔습니다. 형은 컴퓨터만 켜 놓고 자리에 없었습니다.

'무슨 게임을 하는 거지?'

영석이는 컴퓨터 앞으로 갔습니다.

"우주 최강 축구 경기?"

영석이는 형이 하다 만 게임을 유심히 살펴보았습니다. 컴퓨터로 축구 경기를 하는 게임인데 재미있어 보였습니다.

"나도 할 수 있겠는데……."

영석이는 무언가에 이끌리듯 의자에 앉아 게임을 하기 시작했습니다.

그런데 이게 웬일인가요. 영석이가 시작한지 얼마 지나지 않았는데 계급이 점점 아래로 내려갔습니다. 형 계급이 순식간에 구리별로, 철별로, 나무별로, 풀별로 곤두박질쳤습니다. 당연한 일이었습니다. 영석이는 게임 방법에 대해 잘 몰랐기 때문입니다. 게다가 마우스를 움직이는 속도도 느릴 수밖에 없었습니다.

"으악!"

영석이가 비명을 질렀습니다. 형 계급이 가장 낮은 쓰레기별이 된 것입니다.

"어떡하지, 어떡하지? 형이 알면 가만있지 않을 텐데……."

영석이는 자기도 모르게 눈물이 났습니다.

그때였습니다.

"뭐하는 거야?"

화장실에 다녀온 형이 소리를 질렀습니다.

"형…… 미, 미안해……."

영석이는 그 자리에 얼어붙었습니다.

그러나 형은 영석이랑 싸울 시간도 없다는 듯 의자에 앉아 있는 영석이를 확 밀어냈습니다. 그리고 의자에 앉더니 숨도 쉬지 않고 손가락을 움직였습니다. 눈은 모니터가 뚫어질 듯 화면을 향하고, 입으로는 계속 화를 냈습니다.

"가만 안 둘 거야! 나, 지금 화났어! 이제 너랑 끝이야! 다시는 내 방에 들어오지 마! 내 방에 열쇠 만들 거야! 내가 어떻게 해서 은별이 됐는데! 아, 진짜 열 받아!"

영석이는 형이 무서워서 얼른 자기 방으로 갔습니다.

그날, 다행히 형은 다시 은별이 되었습니다. 만약 그렇게 되지 않았다면 아마 영석이는 형한테 어마어마하게 혼이 났을 것입니다. 그런데 이상한 일이 생겼습니다.

영석이 머릿속에 자꾸 그 축구 게임이 생각났습니다. 영석이는 결국 참지 못하고 학교 앞에 있는 피시방에 갔습니다.

처음 피시방에 간 영석이는 떨리는 마음으로 게임을 시작했습니다. 그리고 결심했습니다.

'내가 형보다 더 빨리 게임왕이 될 거야!'

수업이 끝난 영석이는 매일매일 피시방으로 향했습니다. 피시방에 가기 위해 저금통에 있는 돈까지 뺐습니다. 학교에서도 집에서도 온통 축구 게임만 생각했습니다.

어느 날, 수업이 끝나자마자 교실에서 뛰어나가는 영석이를 선생님이 불렀습니다.

"영석아, 이제 그만 가야지."

우연히 길을 지나던 선생님이 피시방에서 나오는 영석이를 봤던 것입니다.

선생님은 영석이를 따로 불러 이야기를 나누었습니다. 그제야 영석이는 선생님에게 형에 대한 이야기를 했습니다.

"그랬구나. 형 문제는 선생님이 알아서 할 테니 걱정하지 마. 너도 앞으로 피시방에 가지 않을 거지?"

"네······."

집으로 오는 길에 영석이는 피시방 앞에서 잠시 망설였습니다. '어서 와 피시방'이라는 간판이 영석이를 부르는 것 같았습니다. 하지만 영석이는 고개를 절레절레 흔들었습니다.

'안 돼! 선생님이랑 약속했잖아!'

영석이는 용감하게 집으로 발길을 돌렸습니다.

그날 저녁, 영석이네 집은 소동이 벌어졌습니다. 형이 학원도 가지 않고 게임만 한 것을 엄마가 알게 된 것입니다. 방에 있던 형의 컴퓨터가 거실로 나왔습니다.

"앞으로 엄마한테 허락받고 컴퓨터 써."

형은 아무 말도 하지 못하고 한숨만 푹푹 내쉬었습니다.

안전이 최고야!

🌱 문제를 잘 보고 알맞은 곳에 스티커를 붙여 보세요.

1 게임하는 시간을 정해 두는 게 좋을까요?

㉮ 정해진 시간만 해야 중독되지 않아요.
㉯ 마음껏 하면 할수록 좋아요.

2 친구들을 안 만나고 게임만 해도 될까요?

㉮ 게임만 있으면 친구도 필요 없어요.
㉯ 친구들과 함께 시간을 보내는 것도 필요해요.

3 계속 게임 생각만 날 때는 어떻게 해야 할까요?

㉮ 부모님에게 말하고 도움을 받아요.
㉯ 내가 하고 싶은 대로 해요.

4 컴퓨터 게임 세상에서는 내 맘대로 해도 될까요?

㉮ 게임이니까 내 맘대로 해도 돼요.

㉯ 게임에도 규칙과 질서가 있어요.

5 컴퓨터를 어디에 두는 게 좋을까요?

㉮ 혼자서만 할 수 있게 내 방에 놓아요.

㉯ 모두 함께 사용할 수 있는 곳에 두어요.

노경실 선생님의 '컴퓨터 게임 중독 안전' 이야기

현대 생활에서 컴퓨터는 스마트폰처럼 우리에게 유익하고, 생활에 필요하지요. 그러나 올바르게 사용하지 않으면 해가 되기도 해요. 기초적인 바른 사용법은 시간 관리에요. 하루에 얼마나 할지 미리 정하지 않으면 공부하는 것도 밥 먹는 것도 멀리할 만큼 중독될 수 있어요. 엄마, 아빠와 이야기하는 시간도 사라지지요. 또, 컴퓨터 게임은 게임일 뿐, 현실이 아니라는 걸 기억해야 해요. 현실과 게임을 정확히 구분하지 않으면 집에서도 학교에서도 올바른 생활을 할 수 없답니다.

정답 ① 가 예 나 ② 가 예 나 ③ 가 예 나 ④ 가 예 나 ⑤ 가 예 나

인터넷 사용 안전

공짜 선물이니까 괜찮아!

"아, 심심해."

학교 끝나고 학원 공부까지 하고 집에 온 수철이는 간식을 먹으며 중얼거렸습니다. 더구나 오늘은 엄마도 아빠도 회사에서 야근을 한다고 연락이 왔습니다. 그뿐 아닙니다. 지금은 텔레비전에서 수철이가 즐겨보는 애니메이션이 할 시간이지만 오늘은 야구 경기 때문에 취소되었습니다. 수철이는 텔레비전을 끄고 방으로 들어갔습니다.

"뭐 하지? 이럴 때 스마트폰이 있으면 얼마나 좋아!"

수철이는 아직 스마트폰이 없습니다. 엄마가 4학년이 되면

사 준다고 약속했기 때문입니다.

"그래! 애들이랑 채팅이나 하자."

수철이는 급히 거실로 나갔습니다. 거실에 컴퓨터가 있기 때문입니다.

수철이는 며칠 뒤, 학교 소풍 때 몇몇 아이들과 함께 짧은 개그 한 편을 하기로 했습니다. 그래서 틈만 나면 채팅방에서 아이들과 개그 이야기를 나누었습니다.

컴퓨터를 켜고 친구들과 만든 '개그 어린이' 채팅방을 열려고 하는데, 눈에 띄는 광고 하나가 보였습니다.

어린이만 입장 가능! 공짜 선물을 줍니다!

수철이의 눈이 커졌습니다.

"어린이만 입장 가능하다고? 그럼 나쁜 광고가 아닌 것 같은데……."

수철이는 아무 의심 없이 광고를 클릭했습니다.

'1단계입니다. 어린이 본인 인증!'이라는 큰 글씨가 화면에

나타났습니다.

수철이는 빈 칸에 차례대로 입력했습니다.

이름: 김수철
학교: 흰돌초등학교
성별: 남자

빈 칸을 모두 채우자, '참 잘했어요!'라며 요란한 박수 소리가 들렸습니다. 그리고 '김수철 어린이는 이제 동메달입니다! 다음 단계로 들어가세요.'라는 목소리가 나왔습니다.

'2단계입니다. 원하는 그림을 클릭하세요.'라는 질문과 함께 그림이 나타났습니다. 입는 것, 먹는 것, 장난감, 게임, 놀이 도구 등 아이들이 좋아하는 그림은 다 있었습니다.

"와우!"

수철이의 눈이 휘둥그레졌습니다.

"음…… 나는 옷!"

수철이는 개그 공연할 때 입을 옷이 필요했습니다. '용궁에 간 토끼'라는 개그에서 용왕 역할을 맡았는데 용왕 옷이 없어서 걱정하던 참이었습니다. 수철이는 멋진 용왕 옷을 입고 누구보다 멋있게 보이고 싶었습니다.

"그래, 이거야!"

수철이는 옷 그림을 얼른 클릭했습니다. 그러자 셀 수 없이 많은 옷 그림이 나왔습니다. 그중에서 용왕 옷을 찾아 클릭하자 컴퓨터 화면에 축하송이 나오며 커다란 상자 안에 이런 글씨가 떴습니다.

> 축하합니다! 부모님 한 분의 이름과 주민번호, 주소를 입력하세요. 그러면 집으로 옷을 무료 배달해 드립니다. 완전 공짜이지요. 단! 이것은 깜짝 이벤트 행사이니, 선물이 도착할 때까지 어린이 본인만 알고 있어야 합니다.

순간, 수철이는 한숨을 내쉬었습니다.

"주민번호? 그거 모르는데……."

하지만 부모님께 물어볼 수도 없었습니다. 무료로 선물을 받으려면 누구에게도 절대 말하지 말라고 했으니까요. 하지만 수철이는 이대로 포기할 수 없었습니다. 공짜 옷 선물을 꼭 받고 싶었기 때문입니다.

그날 저녁, 수철이가 퇴근한 엄마에게 물었습니다.

"엄마, 주민번호가 뭐예요?"

"아니, 그건 왜?"

"선, 선생님이……."

수철이는 저도 모르게 거짓말을 했습니다.

"선생님이? 엄마가 내일 선생님께 연락할게."

수철이는 가슴이 쿵 내려앉았지만 아무 말도 할 수가 없었습니다.

이튿날, 학교에 온 수철이는 같은 개그 팀인 명진이에게 공짜 선물 사이트에 대해 이야기했습니다.

"어제 우리 엄마 주민번호를 몰라서 못했어. 너무 아까워. 근데 오늘 엄마가 선생님한테 전화하면 어쩌지?"

"그런 게 있어? 아깝다. 나는 자전거 선물 받고 싶은데……."

"야, 지금 자전거가 문제야? 우리 엄마가 선생님한테 전화하면 뭐라고 해?"

"에이, 그냥 잘못 알았다고 해."

명진이가 대수롭지 않은 듯 웃으며 말했습니다.

그때였습니다. 담임선생님이 어두운 얼굴로 교실에 들어왔습니다.

"여러분 요즘 우리 학교 학생들 중에 인터넷으로 이상한 사이트에 들어가서 자기 이름이랑 학교, 학년 반, 그리고 부모님의 주민번호까지 다 공개해서 큰일이 날 뻔했다고 해요. 부모님의 은행 계좌에서 저금한 돈을 다 빼가려고 했대요. 여러분도 혹시 이런 이상한 사이트에서……."

"선생님!"

명진이가 갑자기 소리쳤습니다. 선생님도, 아이들도 모두 명진이를 바라보았습니다.

"선생님, 그 사이트가 혹시 공짜 선물 주는 데 아닌가요?"

"명진아, 네가 그걸 어떻게 알았니?"

선생님의 말에 명진이가 수철이를 가리켰습니다.

"수철이가 어제 들어갔대요."

순간, 수철이의 얼굴이 새빨개졌습니다.

선생님은 수철이를 따로 불러 상황을 듣고 수철이 엄마와도

통화를 했습니다.

이튿날, 명진이는 학교에 오자마자 수철이부터 찾았습니다.

"수철아, 어제 나 때문에 당황했지? 미안해."

"됐어. 다 잊었어."

수철이가 어른스럽게 말했습니다.

"근데 너 때문에 나 어제 우리 엄마한테 혼났어."

"왜?"

수철이가 황당한 표정으로 명진이를 바라보았습니다.

"우리 엄마가 공짜 선물 사이트 사건을 알고, 인터넷 시간을 줄였어. 그동안 내가 엄마 몰래 인터넷을 했거든."

"인터넷 몇 시간 했는데?"

"엄마가 회사에서 올 때까지 했지. 엄마한테는 한 시간만 한다고 거짓말을 하고……."

"뭐?"

"대신 내가 약속을 잘 지키면 자전거 사 준댔어!"

"그래, 우리 나쁜 사이트에 들어가지 말고, 인터넷도 오래하지 말자."

"좋아! 개그맨 꿈을 이루기 위해서!"
수철이와 명진이는 하이파이브를 하며 활짝 웃었습니다.

안전이 최고야!

🌱 문제를 잘 보고 알맞은 곳에 스티커를 붙여 보세요.

1 이상한 인터넷 사이트가 나타나면 어떻게 해야 할까요?

㉮ 절대 클릭하지 않아요.   ㉯ 궁금하니까 한 번만 클릭해 봐요.

2 인터넷 사이트에서 나의 정보를 물어보면 어떻게 해야 할까요?

㉮ 친절하게 알려 주어요.   ㉯ 부모님께 물어보고 해요.

3 모르는 사람하고 채팅해도 괜찮나요?

㉮ 모르는 사람하고 대화하지 않아요.   ㉯ 나에 대해 친절히 소개해요.

4 인터넷을 오래해도 괜찮을까요?

㉮ 하고 싶을 때까지 해도 돼요. ㉯ 시간을 정해 두고 해요.

5 인터넷은 어떻게 사용하는 게 좋을까요?

㉮ 게임이나 채팅하는 데 사용하면 좋아요. ㉯ 숙제나 자료 조사에 사용하면 유용해요.

 노경실 선생님의 '인터넷 사용 안전' 이야기

　어린이들은 인터넷을 하다 보면 마법에 걸린 듯 그 세계로 술술 빠져 들어갈 수 있어요. 그래서 나쁜 사람들이 인터넷 안에서 어린이들의 순수함을 악용해 무서운 일을 벌이기도 하지요. 조금이라도 이상해 보이는 사이트는 절대 클릭해서는 안 되고, 나와 가족에 대해 함부로 알려 주어도 안 돼요. 또, 부모님과 시간을 정해서 인터넷 사용을 조절하고, 내가 무슨 사이트를 방문하는지도 확인받는 게 착한 인터넷 사용법이랍니다.

Safe lifestyle to create a safe future

These days, why do we live in a more dangerous world despite the new technologies and high-tech products? The biggest reason is the social structure that is so complicated and moving insanely fast. It is really important to create a safe environment. Safety education is essential at home, at school, in the neighborhood, and at work. Among them, it is the most important to keep our own safety.

Safety is not kept by 'words' or 'thoughts'. 'Knowing the right thing', that is, we need knowledge. Do you remember the proverb, "I see as much as I know, I understand as much as I know?" Even in the case of safety, the situation is the same. As far as we know, we can keep our safety. So it's very dangerous to know roughly. We must have the right safety knowledge through books and education.

The 'Children's Safety Fairy Tales Series' tells children that keeping my body safe is: first, to protect my life and health, second, the first step in shaping my wonderful future. Also, it gives pleasure to our loved families and friends. I hope this book will be a good and friendly friend and teacher for the children's happy and safe life.

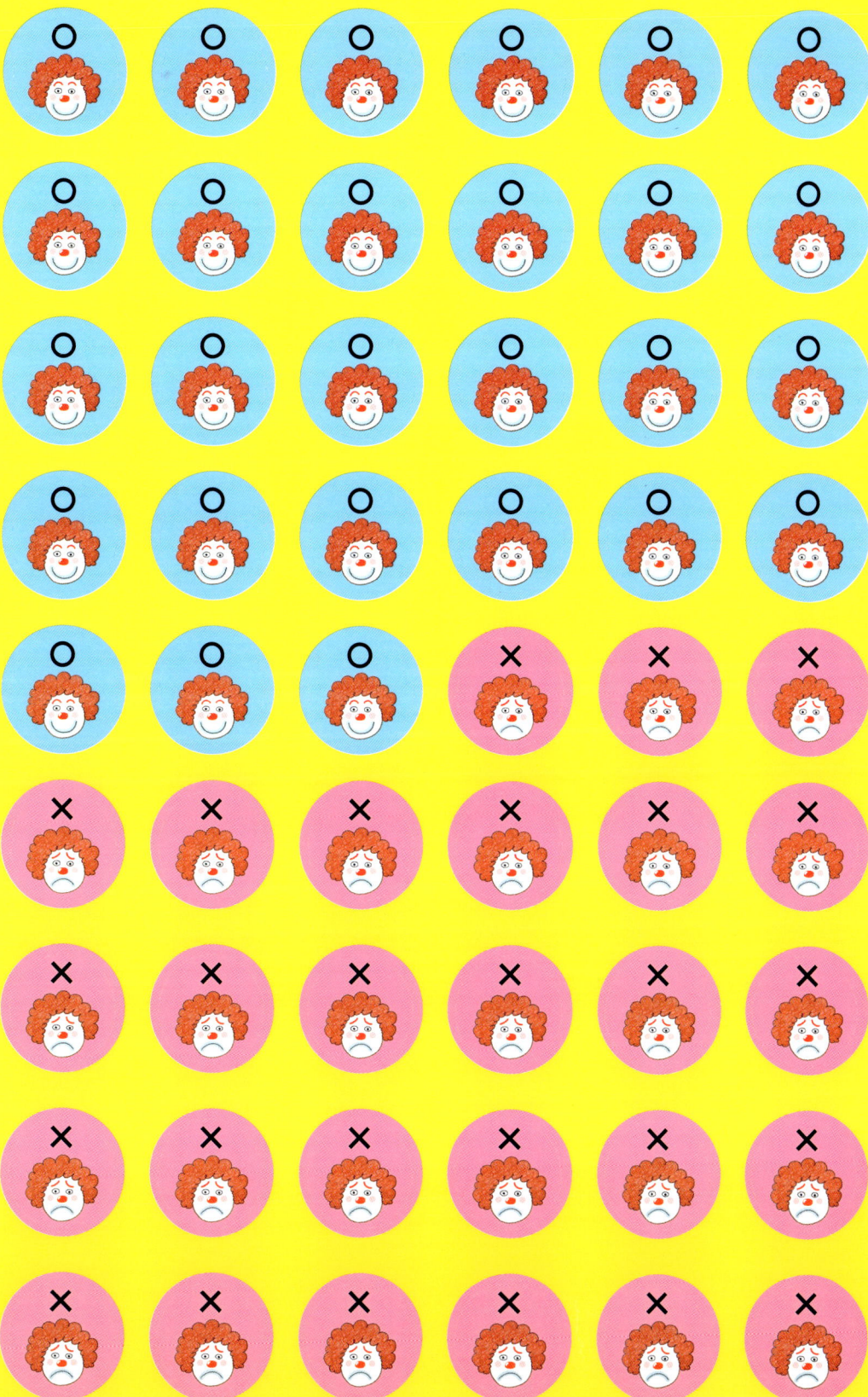